AF497919

# "La Triste Aventure de M. Corniquet"

FÉERIE EN 2 TABLEAUX

Représentée pour la première fois
au " Théâtre des Capucines "
le 15 Janvier 1919
dans la Revue
" Paris for Ever "
Direction A. Berthez

# La Triste Aventure de M. Corniquet

## Féerie en 2 Tableaux

**Net : 2 francs**

PARIS

## Éditions Francis Salabert

22, Rue Chauchat et 35, Boulevard des Capucines

# La Triste Aventure de M. Corniquet

*Un salon bourgeois. Au mur, le portrait de Clemenceau et celui du maréchal Foch. Un éphéméride, placé en évidence, porte la date : « 3 janvier 1919 ».*

## SCENE I

ELODIE, ARTHUR, puis EUSÈBE

ELODIE, *les bras autour du cou d'*ARTHUR, *un jeune aviateur très élégant.*

Non... ne pars pas... mon Arthur... ne pars plus... Qu'est-ce que tu vas faire en Allemagne ?

ARTHUR

Mais, ma chérie, mon escadrille fait partie d'une division d'occupation. Je dois rejoindre mon corps.....

ELODIE

Et quand rejoindras-tu le mien ?

ARTHUR

Je ne sais pas, moi... Je reviendrai peut-être bientôt.

ELODIE

Ecoute, mon amour, j'ai parlé de toi à quelqu'un de très influent. Comme tu as été blessé, on pourrait te faire rester à Paris... Tu veux bien rester à Paris avec ta Didi?

ARTHUR

Sûrement, mais...

ELODIE

Mais quoi?

ARTHUR

Qu'est-ce que je ferai à Paris, comme service?

ELODIE

On te versera dans l'auxiliaire.

ARTHUR

Merci bien! Je n'ai aucun goût pour éplucher les patates!

ELODIE

Mais non, tu es bête. On te trouvera un emploi, tout de suite.

ARTHUR

Eh bien, alors... Dépêche-toi... Je dois rejoindre dans huit jours... Au revoir, Elodie... (*il l'embrasse.*)

ELODIE

Mieux que ça... Mon Arthur, ma vie... (*étreinte*) A demain? Là-bas?

ARTHUR

A demain... (*Il va vers la porte... Celle-ci s'ouvre et Eusèbe apparaît*). Ah! Monsieur Corniquet! Comment allez-vous, Monsieur Corniquet ... Vous voyez, j'étais venu voir Madame Corniquet... au revoir, monsieur Corniquet... Madame... (*Il salue et sort.*)

EUSÈBE, *après un temps :*

Alors, il ne démarre plus d'ici, cet oiseau-là ?

ELODIE

Il y a des oiseaux glorieux...

EUSÈBE

Oh ! glorieux ! Celui-là a été blessé à Villacoublay, au premier vol qu'il a essayé de faire... Ça n'est pas un héros... C'est un maladroit...

ELODIE

Je voudrais t'y voir !

EUSÈBE

C'est ça... Pour que je me casse la gueule ! En tous cas, tu m'excuseras si je ne me pâme pas d'admiration devant ton filleul... ton filleul !... Car on appelle ça un filleul maintenant !

ELODIE

Ah non, hein ? Ça suffit !... Tu ne vas pas recommencer tes allusions déplacées et saugrenues ?

EUSÈBE

Mes allusions déplacées ?

ELODIE

...et saugrenues, parfaitement ! Avoir des soupçons sur ce garçon que nous avons connu tout enfant, ce

gamin que j'emmenais à Guignol!... Tiens, tu me
répugnes !

EUSÈBE

Oui, eh bien! veux-tu me dire ce qu'il fiche ici,
toute la sainte journée? Et ce que vous fichez, tous les
deux, quand vous filez en auto, pendant des après-midis
entières? Tu l'emmènes à Guignol? Enfin, il va partir
pour l'Allemagne : Bon vent !

ELODIE

A moins qu'il ne reste à Paris. Il a été blessé...

EUSÈBE

C'est pas vrai! Il s'est blessé tout seul!...

ELODIE

Et, comme il a des relations...

EUSÈBE

Des relations, avec toi, oui !

ELODIE, indignée :

Oh! encore !

EUSÈBE, furieux :

Oui! Encore et toujours! J'en ai assez... Tu
entends?... J'en ai assez!...

ELODIE

Ah! là là! Moi aussi, j'en ai assez...

EUSÈBE

Assez de quoi?

ELODIE

De toi, d'abord ; de ton manque de confiance en moi, de tes grossières injures, de ta jalousie stupide et tyrannique ! Et aussi de la vie que nous menons !... J'étais riche, moi, quand tu m'as épousée ?... Où est ma dot ?

EUSÈBE

C'est ça... accuse-moi de t'avoir ruinée ! Est-ce ma faute si j'ai fait de mauvaises affaires ?

ELODIE

Non. C'est de la mienne... Tu avais bien besoin de mettre tout notre argent dans cette affaire d'enseignes lumineuses, juste un mois avant la déclaration de la guerre !...

EUSÈBE

Pouvais-je prévoir qu'il y aurait la guerre ?

ELODIE

Tu aurais dû t'en douter.

EUSÈBE

Pouvais-je deviner qu'on plongerait Paris dans l'obscurité ? Et que mes enseignes lumineuses me resteraient sur les bras ? Mais je ne me suis pas laissé abattre. Cette année, j'ai dégoté cette affaire de grenades à main que j'ai réussi à mettre sur pied !... J'allais gagner des millions...

ELODIE

Oui, sans l'armistice.

EUSÈBE

Pouvais-je prévoir qu'il y aurait la paix?

ELODIE

Ah! si tu ne prévois jamais rien!

EUSÈBE

Il y a une chose que je prévois...

ELODIE

Laquelle?

EUSÈBE

C'est qu'un de ces quatre matins, je te planterai là; tu entends?

ELODIE

Mais je ne demande que ça, pauvre idiot! Veux-tu tout de suite?

*(Elle sort en claquant la porte.)*

EUSÈBE, *criant devant la porte:*

Et je te laisserai à ton filleul!... Pfft!... Ah là là! *(Il sonne.)* Une jolie invention les filleuls de guerre!... Ah! oui, j'en ai assez... Zut, alors! *(Entre la bonne.)* Marie, apportez-moi le journal *(la bonne sort).* C'est vrai, ça, qu'on ne prévoit jamais rien. Il y a cinq ans, quand j'ai épousé cette dame, qui aurait pu supposer qu'elle deviendrait la harpie qu'elle est devenue?

LA BONNE, *qui est entrée avec le journal*

Sûrement.

EUSÈBE

Et sa dot, donc?... Qui est-ce qui aurait cru que sa dot ficherait le camp si vite!

#### La Bonne

Personne !

#### Eusèbe

Et voilà ! La dot est partie, et la femme reste. Si seulement c'était le contraire ! Ça va bien, Marie *(la bonne sort).* Ah ! pouvoir remonter le cours des années ! Etre plus jeune de cinq ans et savoir ce que je sais !...

*(Tam-tam. Obscurité brusque.)*

## SCENE II

### Eusèbe, la Fée

#### Eusèbe

Qu'est-ce qui se passe ? Un court-circuit ?... *(Une projection éclaire la fée qui est entrée.)* Hein ? Kekcékça ?... Un fantôme ? Voilà que j'ai des hallucinations !

#### La Fée

N'aie pas peur. Je suis ta marraine.

#### Eusèbe

Ma marraine ?

#### La Fée

Ta femme a bien un filleul !... Je suis la fée Alycanthe !

#### Eusèbe

Une fée !... J'ai une fée pour marraine ?

#### La Fée

Comme Cendrillon. Comme Cendrillon, tu es pauvre et triste, tu as fait un vœu. Je viens l'exaucer.

EUSÈBE

Allons, allons... Je deviens fou, moi! Il n'y a pas de fée, voyons... Il n'y en a plus!

LA FÉE

Parce que les hommes ont cessé d'y croire. Je vais te prouver qu'elles existent!

EUSÈBE

A la gare!

LA FÉE, *solennelle:*

Eusèbe Corniquet, tu as fait le vœu de rajeunir de cinq ans. Sois heureux... Tu vas revenir en 1914.

EUSÈBE

Oui, mais pas de blague, alors? Je veux bien revenir en 1914, mais à condition de savoir, dès ce moment-là tout ce qui s'est passé depuis.

LA FÉE

C'est promis.

EUSÈBE

Minute!... Et je veux être seul à le savoir!... Je veux être le seul être humain qui sache qu'il y aura la guerre et tout ce qui s'ensuit. Le seul, vous entendez! Sans ça, je me connais, je me ferai encore rouler!

LA FÉE

Eusèbe Corniquet, dors en paix... Ta marraine veille sur toi! Demain, tu te réveilleras en 1914... (*Elle le baise au front. Eusèbe s'endort en poussant un soupir... Le rideau baisse lentement. Musique de scène.*)

La Fée, *devant le rideau :*

O bourgeois imprudent ! O Corniquet vantard !
Qui voulus rajeunir par un besoin loufoque
De pouvoir dire aux tiens : Vous avez du retard !
Sache qu'il faut toujours vivre avec son époque.
Etrange prétention ! En avance et blasé,
Tu veux dîner déjà quand les autres déjeunent...
Mais tu diras bientôt, las et désabusé :
« Je suis venu trop tôt, dans un siècle trop jeune ! »

## SCENE III

*Même décor. Les portraits de Foch et de Clémenceau
sont remplacés par un portrait de Poincaré. Une litho
de Wagner sur une chaise. L'éphéméride porte comme
date « 3 janvier 1914 ».* — Eusèbe, *puis* Elodie *et la*
Bonne, *puis* Arthur.

Eusèbe, *qui porte un autre pyjama, se réveillant :*

Tiens ! j'ai dormi... J'ai même fait un rêve parfaitement idiot ! J'ai rêvé que ma marraine, la fée Alycanthe... Alycanthe ! Qu'est-ce qu'on va chercher, quand on dort ?... que la fée Alycanthe me promettait de me rajeunir de cinq ans... Simplement !... Malheureusement, ce n'est qu'un rêve !... (*Il tire sa montre.*) Zut ! J'ai dormi longtemps... Et mon rendez-vous avec mon associé pour cette affaire de grenades ? Tiens ! Mon vieux pyjama. Il est encore comme neuf. (*Il ôte son pyjama et met son veston.*) Qu'est-ce que nous allons en faire de ces grenades ?... Ce sacré Balandard ? J'avais bien besoin de le rencontrer... Ah ! celui-là, il y a un an, quand j'ai fait sa connaissance, je croyais bien tenir la fortune... Et pan ! la paix éclate. Ah ! c'est gai ! Enfin ! (*Il met son chapeau et sort.*)

Elodie *entrant (robe à paniers très avant-guerre),
à* Marie *qu'elle précède :*

Ici, Marie, c'est le salon.

### Marie

Oui, Madame !

### Elodie

Vous entrez en place aujourd'hui. Il faut que je vous mette au courant de nos habitudes. C'est ici que nous prenons le café.

### La Bonne

Bien, Madame.

### Elodie

Il faudra faire le salon très soigneusement. Mon mari est excessivement méticuleux sur ce chapitre.

### La Bonne

Oui, Madame !

### Elodie

Ah ! Il ne faudra plus recevoir dans la cuisine. Qu'est-ce que c'était que ce militaire qui était là, tout à l'heure ?

### La Bonne

Un caporal de pompiers, madame.

### Elodie

Je ne veux pas de ça. Tenez. vous accrocherez cette lithographie. C'est un cadeau que j'ai fait à mon mari pour sa fête.

### La Bonne, *regardant la litho :*

C'est la grand'mère de monsieur ?

ELODIE, *riant :*

Mais non, c'est le portrait d'un musicien célèbre :
Richard Wagner. Mon mari adore la musique et Richard
Wagner, voyez-vous, c'est son Dieu !

LA BONNE

Il est rien moche ! Dites, madame, alors... c'est
bien... c'est bien soixante francs que vous me donnez
par mois ?

ELODIE

Ah ! non, voyons... Nous avions convenu 50... Mais
je vous l'ai promis ; si je suis contente de vous, nous
vous augmenterons.

LA BONNE

Alors, ça va, Madame. J'accepte un mois d'essai, à
50... Je tâcherai de rattraper mes dix francs autrement.
ARTHUR, *un collégien gauche et timide, entrant.*
Bonjour, mame...

ELODIE

Ah ! c'est toi, mon petit Arthur ?... Comment vas-
tu ? (*elle l'embrasse.*)

ARTHUR

Très bien, mame ! (*il renifle.*)

ELODIE

C'est fini, ce bobo ? (*elle regarde sa main.*) Il n'y
a plus rien ; seulement, fais attention, maintenant, quand
tu joueras au cerf-volant. Ecoute, mon petit, ce soir nous
allons avec mon mari à la fête persane de la comtesse de
Noailles... Mais tu peux venir diner...

ARTHUR

Et après le dîner, je pourrai-t-y aller à Magic?... (*il montre la bonne*) avec elle?

LA BONNE

Mais oui, M. Arthur, avec plaisir. C'est le fils de Madame?

ELODIE

Non... non... C'est un petit protégé de mon mari. Eh bien, c'est ça, vous irez tous les deux à Magic-City... Allez, Marie, allez vous occuper du dîner; vous n'avez que le temps!

LA BONNE

Bien, madame! (*elle sort.*)

ARTHUR

Je peux-t-y l'aider à éplucher des patates? Ça m'amuse tant!

ELODIE

Si tu veux, va!

ARTHUR

Chouette! (*il sort.*)


SCENE IV

ELODIE, *puis* EUSÈBE

ELODIE, *voyant* EUSÈBE *entrer:*

Bonjour, mon Eusèbe... (*elle l'embrasse.*) Ma vie!... Qu'est-ce que tu as?

EUSÈBE

J'ai... j'ai... que je suis un peu surpris... Qu'est-ce que tu as toi-même ?

ELODIE

Mais... je n'ai rien... Je t'embrasse. Voilà tout.

EUSÈBE

J'en suis très flatté... Il y a quelque temps que tu m'avais déshabitué de ces effusions...

ELODIE

Oh ! méchant ! Pourquoi me dis-tu ça ? On ne l'aime donc plus, sa Didi ?

EUSÈBE

Sa Didi ?... Ah ben ! (*sursautant.*) Comment es-tu habillée ? T'en as une robe !

ELODIE

C'est la mode !

EUSÈBE

Ah ! Qu'est-ce qu'y vont chercher !

ELODIE

Embrasse-moi !... Mieux que ça ! (*étreinte.*) Mon amour ! (*baiser*) Qu'est-ce que tu as ?

EUSÈBE

Il y a... Il y a que je suis abruti. D'abord, par ton ton ?

ELODIE

Qui ça, ton ton ?

EUSÈBE

Oui, par ton ton... Enfin par le ton que tu prends avec moi!... Et aussi par ce qu'il vient de m'arriver. Figure-toi que Balandard...

ELODIE

Balandard?

EUSÈBE

Balandard... oui. Eh bien! Balandard est devenu gâteux... Je viens de chez lui... Tu me croiras si tu veux, il ne m'a pas reconnu. Il m'a dit qu'il ne savait pas qui j'étais... Et quand je lui ai parlé de notre affaire de grenades, il m'a répondu : « Les grenades, ça n'est pas la saison. A votre place, je vendrais des nèfles... Je n'ai pas compris... J'ai insisté. Il a continué à prétendre que je ne l'avais jamais vu. Pour moi, il est complètement marteau.

ELODIE

Mais tu ne m'as jamais parlé de ce Balandard?

EUSÈBE

Quoi?... Balandard?... Mais, depuis un an que je ne parle que de lui, que je ne vois que lui!...

ELODIE

Je te jure que tu ne m'as jamais dit...

EUSÈBE

Ah! bravo! Ça t'intéresse mes affaires!...

ELODIE

Certainement, ça m'intéresse. Et alors? Tes enseignes lumineuses?

EUSÈBE

Quoi? Mes enseignes lumineuses? Je te parle de grenades.

ELODIE

De Grenade? Tu fais une affaire de publicité avec l'Espagne?

EUSÈBE

Oh! oh!... L'amour nous trouble le cerveau à ce qu'il paraît. C'est vrai, j'oubliais... (*sarcastique*). Comment va Arthur?

ELODIE

Le petit Arthur?

EUSÈBE

Oui, ton filleul?

ELODIE

Mon filleul? Mais Arthur n'a jamais été mon filleul.

EUSÈBE

Non?... Tiens, tiens!

ELODIE

Tu sais bien que je n'ai qu'un filleul: le fils de ta sœur.

EUSÈBE

Oh! très drôle!

ELODIE

Qu'est-ce qui est drôle?... Pourquoi parles-tu d'Arthur?

EUSÈBE

Pour rien... C'est la suite de notre conversation de tout à l'heure, voilà tout!

ELODIE

Je ne comprends pas...

EUSÈBE

Moi je me comprends... Enfin, tu as mis de l'eau dans ton vin! Tu as fini par admettre qu'il ne me plaisait pas, ce petit embusqué!

ELODIE

Embusqué?... Comment? Où s'est-il embusqué?

EUSÈBE

Il n'est pas embusqué, lui?... De quelle classe est-il?

ELODIE

Il est en troisième...

EUSÈBE

En troisième! quoi, en troisième! En troisième ligne?

ELODIE

Comment dis-tu?

EUSÈBE

Soit!... Et toi qui le plaignais parce qu'il avait été blessé!

ELODIE

Oh!... Je le plaignais... Une petite blessure de rien du tout!

EUSÈBE

Oh! mais, oh mais! Tu as bien changé, tout d'un coup! A t'entendre, il y a une heure, c'était un héros!

ELODIE

Un héros! Parce qu'il est tombé en jouant au cerf-volant?

EUSÈBE

En jouant au cerf-volant?... A la bonne heure. Tu remets les choses au point; je vois que ce que je t'ai dit t'a fait réfléchir (*un temps*)... Et je te demande pardon de mes soupçons.

ELODIE

Quels soupçons?

EUSÈBE

Ne parlons plus de ça... Embrasse-moi.

ELODIE

Mon Eusèbe! Ma vie! (*Elle l'embrasse.*)

EUSÈBE

Il y a longtemps que ça ne nous était pas arrivé... Hein?... Ça me rappelle les nuits d'alerte.

ELODIE

Les nuits de quoi?

EUSÈBE

D'alerte...

ELODIE

Tu as des mots...

EUSÈBE

Crois-tu que tu avais peur?

ELODIE

Mais... Pas tant que ça !

EUSÈBE

Non! C'est le chat !

ELODIE

Oh !

EUSÈBE

Hein, Didi?... La sirène?...

ELODIE

C'est moi... la sirène?... (*amoureusement*). Tu es gentil !

EUSÈBE

Ah! les femmes!... Toi, dès que tu voyais poindre un raid...

ELODIE

Oh! Eusèbe !

EUSÈBE

Il fallait tout de suite descendre à la cave.

ELODIE

Oh! tais-toi (*Elle cache sa figure dans son cou.*)

EUSÈBE

Tu ne reprenais tes sens qu'avec la berloque.

ELODIE

La quoi?

EUSÈBE

La berloque... La breloque, si tu préfères!

ELODIE

J'ai compris... Mais, tu en as des expressions!

EUSÈBE

Et quand on rentrait, il te fallait un bon coup de pinard pour te remonter, hein?

ELODIE

Ecoute, Eusèbe, jamais tu ne m'as parlé avec cette crudité: tu dis des choses énormes!

EUSÈBE

Quoi! Cette crudité?... Parce que je te rappelle de gentils souvenirs! (*vexé*) Pardon, si je t'ai choquée!... Je vois que tu penses encore à ton Poilu.

ELODIE, *suffoquée:*

Mon... quoi?...

EUSÈBE

Ton Poilu!

ELODIE

Oh! Eusèbe!

## SCENE V

LES MÊMES, LA BONNE

LA BONNE, *saluant* EUSÈBE:

Monsieur... (*à Elodie*) Il n'y a que trois personnes à dîner, madame?

ELODIE

Oui, Marie. Trois seulement.

EUSÈBE

Qui as-tu invité à dîner?

ELODIE

Oh! personne... Seulement, ce soir, Arthur dîne avec nous...

EUSÈBE

Arthur? Arthur dîne ici? Oh! j'en ai assez... Tu m'entends! J'en ai assez... Je ne veux plus le voir!

ELODIE

Mais qu'est-ce que tu as?... Tu ne veux plus voir Arthur? Pourquoi?...

EUSÈBE

Je crois te l'avoir dit!

LA BONNE

Oh! monsieur... Un petit jeune homme si gentil! Et qui épluche si bien les pommes de terre!...

EUSÈBE

Comment?... Il épluche les... Alors, il est encore là?...

ELODIE

Ne te fâche pas, mon amour... Je ne sais pas ce que tu as contre lui; mais si tu ne veux pas qu'il dîne avec nous, il dînera à la cuisine..

EUSÈBE

A la cuisine?...

LA BONNE

Sûrement; et puis nous irons à Magic-City.

EUSÈBE

Où irez-vous ?

LA BONNE

A Magic-City.

EUSÈBE

Pourquoi faire ?

LA BONNE

Ben... pour aller dans le toboggan, dans un tas de trucs, quoi ! Ça l'amusera, ce petit !

EUSÈBE

Mais, ma pauvre fille... Magic City est fermé depuis cinq ans ! L'établissement a été réquisitionné !

ELODIE, *à la bonne, bas :*

Qu'est-ce qu'il raconte ?...

EUSÈBE

Enfin, allez avec Arthur où vous voudrez. En tous cas, ma fille, vous m'avez fait un grand plaisir... (*Il lui serre les mains.*) Un grand plaisir... Vous pouvez disposer.

LA BONNE, *à part :*

Il est dingo, le patron ! (*Elle sort.*)

EUSÈBE

Pardon, Elodie, pardon ! (*Il lui serre les mains.*) J'ai eu tort d'avoir des soupçons.

ELODIE

Sur qui ?

EUSÈBE

Sur toi et Arthur.

ELODIE

Oh! Tu es fou! Un enfant de cet âge-là!

EUSÈBE

Ça! A son âge, moi, j'avais six maîtresses. Alors...

ELODIE

Toi?...

EUSÈBE

Mais je suis rassuré... J'ai compris qu'il aimait la bonne...

ELODIE

Je ne sais pas ce que tu as, ce soir? Tu as une façon de plaisanter... Au fait, comment la trouves-tu?

EUSÈBE

Qui?

ELODIE

La bonne?

EUSÈBE

Pourquoi me demandes-tu ça?

ELODIE

Pour savoir...

EUSÈBE

Eh bien! je la trouve... je la trouve... comme d'habitude! Elle n'a rien de changé!

ELODIE

Tu la connais donc?

EUSÈBE

Qu'est-ce que tu entends par là?... Ah! non; je t'en prie! Pas de soupçons de ce côté-là... Je la laisse à

Arthur! Ne me cherche pas de querelle d'Allemand! D'abord, c'est fini les querelles d'Allemands... (*Il rit.*)

ELODIE

Eusèbe, tu es bizarre, ce soir... Qu'est-ce que tu as?...

EUSÈBE

Mais je n'ai rien... à part cette histoire avec Balandard, qui me tracasse. Maintenant, il était peut-être saoûl!... car, hier, il était très calme, je l'avais vu au cercle...

ELODIE

Ah! tu es allé au cercle, hier?

EUSÈBE

Oui... tiens, et je suis tombé sur un as...

ELODIE

Un as! Et tu as encore perdu?

EUSÈBE

Perdu quoi?

ELODIE

Perdu au jeu.

EUSÈBE

Mais je n'ai pas joué.

ELODIE

Tu dis que tu es tombé sur un as?

EUSÈBE

Un as, oui! C'est le lieutenant Dansac. Un type épatant! Décoré, il faut voir ça!... Et des palmes, alors!

ELODIE

Il est décoré des palmes académiques?

EUSÈBE

Idiote! Des palmes! Voyons... des palmes à sa Croix de guerre! Il vient d'avoir une citation magnifique!

ELODIE, *calme:*

Qu'est-ce qu'il fait?

EUSÈBE

Comment? Qu'est-ce qu'il fait?

ELODIE

Tu me dis qu'il a une situation magnifique!

EUSÈBE

Qu'est-ce que tu as, ce soir? Je te parle d'un as, un garçon qui a eu huit citations. Il est dans les chasseurs alpins. Il a pris, avec six hommes, un bastion.

ELODIE

Un bastion?

EUSÈBE

Oui, un bastion!... Et qu'est-ce qu'il y avait comme fortifications!

ELODIE

Un bastion dans les fortifications?

EUSÈBE

Eh ben! oui, quoi! Il est resté là, deux jours! Au milieu des marmites!

ELODIE, *indignée :*

Il est resté avec des marmites, sur les fortifications !
Et c'est pour ça qu'on lui a donné les palmes !

EUSÈBE

Il y a des chances !... Celui-là, alors, il les a mé-
ritées : il a été dans le bal depuis le début !...

ELODIE

Dans le bal ?

EUSÈBE

Et il a fait de tout. A la fin, il était dans l'escadrille
américaine...

ELODIE

Américains.

EUSÈBE

Américains ?

ELODIE

Naturellement. Tu as dit « américaines ». Les qua-
drilles américains, voyons, dans un bal ! Toi, tu as un
peu bu, ce soir ! Je vais m'habiller (*à part*). Qu'est-ce
qu'il a ? (*Elle sort.*)

EUSÈBE, *seul*

Mais qu'est-ce qu'elle a ? Elle m'inquiète ! Elle n'a
vraiment pas l'air dans son assiette. Est-ce que... (*Il se
frappe le front.*)

## SCENE VI

EUSÈBE, LA BONNE

(*La Bonne entre.*)

LA BONNE

Monsieur... (*salut et sourire. Elle prend la litho de Wagner et se met en devoir de l'accrocher.*)

EUSÈBE

Qu'est-ce que vous faites là ?

LA BONNE

J'accroche le bon Dieu de Monsieur !

EUSÈBE

Où avez-vous été rechercher cette ordure ?

LA BONNE

C'est madame qui m'a dit...

EUSÈBE

C'est madame qui vous a dit de mettre cette saloperie dans le salon ? Pour se foutre de moi ! Fichez-moi ça au feu !

LA BONNE, *effarée :*

Bien, monsieur... Ah ! au fait, monsieur, j'ai du tabac pour monsieur. (*Elle donne deux paquets de maryland jaune.*)

EUSÈBE

Du tabac français !... Où avez-vous trouvé ça ?

LA BONNE, *riant bêtement :*

Ben dame !... Au bureau de tabac !

EUSÈBE

Ah ! oui, c'est aujourd'hui mardi !... Vous avez dû attendre longtemps, ma pauvre fille ?

#### LA BONNE

Oh ! non : on m'a servie tout de suite.

#### EUSÈBE

C'est une chance (*allumant une cigarette.*) Mais pour le caporal, rien à faire, hein ?

#### LA BONNE

Le caporal ?... Comment ! Monsieur sait ?...

#### EUSÈBE

Ou, alors, il faudrait prendre la queue pendant des heures !

#### LA BONNE

Oh ! Monsieur... Madame m'a défendu de le recevoir !

#### EUSÈBE

Quoi ?

#### LA BONNE

Alors j'y ai dit ! Parce que j'ai à cœur de faire plaisir à Monsieur et à Madame, moi. Madame m'a promis de m'augmenter...

#### EUSÈBE

Vous augmenter ?... Encore ?...

#### LA BONNE

Mais, monsieur...

#### EUSÈBE

Ecoutez, Marie, je sais que la vie est chère. Je veux bien vous augmenter encore un peu ; mais ce sera la dernière fois. Vous aurez 200 francs par mois, mais pas un sou de plus !

La Bonne, *ravie et suffoquée :*

Oh! merci, monsieur, merci... Merci, mon bon maître... Monsieur est bien bon... Merci, monsieur! (*Elle va pour sortir.*)

Eusèbe

Qu'est-ce qui lui prend?... Ah! vous m'apporterez les cartes?

La Bonne

Les cartes?

Eusèbe

Oui, les cartes d'alimentation.

La Bonne

Ah! les cartes de...

Eusèbe

Les cartes, quoi... allez!

La Bonne

J'y vais, monsieur... (*Elle sort.*)

Eusèbe

Ah! oui, la vie est chère... Et nous avons beau nous restreindre... Enfin, heureusement, ma femme a des goûts simples... Elle ne dépense presque rien pour sa toilette (*Voyant entrer Elodie en costume persan.*) Oh!

## SCENE VII

Eusèbe, Elodie

Elodie

Veux-tu m'attacher ce collier, mon chéri?

EUSÈBE

Tu... tu... tu t'es déguisée?

ELODIE

Naturellement, je suis déguisée.

EUSÈBE, *à part:*

Cette fois, plus de doute... elle est folle!

LA BONNE, *entrant:*

Oh! comme Madame est belle! (*à Eusèbe:*) Voilà les cartes, Monsieur. (*Elle lui donne un paquet de cartes.*)

EUSÈBE

Qu'est-ce que c'est que ça?...

LA BONNE

C'est Monsieur qui m'a dit...

EUSÈBE

Quelle tourte! Pas les cartes à jouer! Je vous ai demandé les cartes d'alimentation.

ELODIE

Les cartes de quoi?

EUSÈBE

D'alimentation... ma chérie... d'alimentation (*A la bonne:*) Vous avez l'air ahurie; je vous parle de la carte de sucre, de la carte de pain...

ELODIE, *à part:*

Mon Dieu!... Qu'est-ce qu'il a?

Eusèbe, *à la bonne :*

Vous cherrez dans les bégonias, vous !... Ah ! vous ne l'avez pas inventé, le système D !...

Elodie, *à la bonne :*

Mon mari est fou... Allez chercher le docteur...

Eusèbe, *bas, à la bonne :*

Allez chercher le docteur... Ma femme est folle !...

La Bonne, *à part.*

Y sont fous tous les deux !... Alors, le... le docteur ?...

Elodie, *à la bonne :*

Oui. Il y en a un à l'étage au-dessus. Le docteur Bardoux.

La Bonne

Le docteur Bardoux ?

Eusèbe

Mais non, mais non, il est à Salonique !

La Bonne, *ahurie :*

Je prendrai un taxi !

Elodie, *bas à la bonne :*

Ne l'écoutez pas... Il ne sait plus ce qu'il dit... vite, vite !

Eusèbe *bas à la bonne :*

Le docteur Bardoux n'est pas là... Mais, chez lui, on vous donnera l'adresse de son remplaçant... allez vite, vite !

LA BONNE

Vite, vite... (*Elle sort.*)

## SCENE VIII

EUSÈBE, ELODIE

(*Un temps. — Eusèbe et Elodie se regardent avec inquiétude. Ils se font des sourires.*)

EUSÈBE

Bonzou... bonzou... bonzou...

ELODIE

Bonjour...

EUSÈBE

Ça ne sera rien, mon petit bonhomme... ça ne sera rien...

ELODIE

Mais non, ça ne sera rien. Tu es un peu énervé, voilà...

EUSÈBE

Elle est... elle est très bien, ta robe... très bien... très bien. Un charmant petit tailleur pour tout aller...

ELODIE, *à part :*

C'est affreux ! (*haut*) Mais, mon chéri... c'est pour la fête persane...

EUSÈBE, *à part :*

C'est horrible !... (*haut*) Mais oui, bien sûr... La fête persane... Et tu as de bien jolies babouches, tu sais... Ça doit coûter cher avec la taxe de luxe !...

ELODIE, *affolée :*

La... La taxe de luxe? (*Il fait un mouvement vers elle.*) Non... Ne m'approche pas!... elles... elles te plaisent mes babouches?...

EUSÈBE

Beaucoup... Ah! ça a plus de chic que la chaussure nationale!

ELODIE (*fondant en larmes*) :

La chaussure... nationale?...

EUSÈBE

Oh! mon Dieu... Ah! voilà le docteur!

ELODIE

Le docteur, enfin!


## SCENE IX

LES MÊMES, LA BONNE, LE DOCTEUR

LE DOCTEUR, *entrant avec la bonne :*

Madame... Monsieur...

LA BONNE, *bas :*

Y sont fous tous les deux! (*Elle sort.*)

LE DOCTEUR, *même jeu :*

C'est impossible, voyons! (*à Eusèbe*) Comment ça va?... (*Il lui serre la main.*)

#### EUSÈBE

Ah ! c'est vous ?... Vous êtes revenu ?... Tant mieux. (*Bas au docteur.*) Ma femme est folle. Regardez comment elle s'est habillée.

#### LE DOCTEUR

Mais puisque vous allez à un bal masqué !

#### ELODIE, *bas au docteur :*

Docteur, sauvez-le... Il dit des choses sans suite.

#### LE DOCTEUR

Voyons... Voyons... qui m'a fait venir ?

#### EUSÈBE *et* ELODIE *ensemble :*

Moi !...

#### LE DOCTEUR

Diable ! il faut pourtant que je sache ! (*Bas à Eusèbe :*) Ayons l'air de causer tranquillement... avec les fous, vous savez...

#### EUSÈBE, *bas :*

Compris.

#### LE DOCTEUR, *bas à Elodie :*

Causons tranquillement, comme si de rien n'était... avec les fous, n'est-ce pas ?

#### ELODIE, *bas :*

Vous avez raison (*haut*). Asseyez-vous donc, docteur !

#### LE DOCTEUR

Alors, voilà... Je suis venu vous dire un petit bonjour en passant (*Il les examine alternativement.*)

#### EUSÈBE

C'est très gentil de votre part... (*Il cligne de l'œil au docteur.*)

#### ELODIE, *bas au docteur :*

Vous voyez ?... Il a des tics... (*haut*). Il y a longtemps que nous n'avons eu le plaisir de vous voir...

#### LE DOCTEUR

J'étais à la campagne.

#### EUSÈBE

Oui, je sais, la campagne d'Orient... vous revenez de Salonique ?

#### LE DOCTEUR, *interloqué :*

Comment ?...

#### EUSÈBE

Et, à peine à Paris, vous vous êtes mis en civil... ça fait plaisir, hein ?

#### LE DOCTEUR

En civil ?...

#### ELODIE, *bas au docteur :*

Vous voyez ?

#### LE DOCTEUR

Je suis fixé... En civil, parfaitement... en civil... c'est plus commode pour mes visites...

EUSÈBE

Vous avez été blessé, m'a-t-on dit?...

LE DOCTEUR

Euh! oui... oui... oui... oui! (*Bas à Elodie:*) Il faut dire comme lui.

ELODIE, *même jeu:*

Certainement... (*haut à Eusèbe*). Oui, mon ami, le docteur a été blessé...

EUSÈBE

Une plaie en séton au téton?

LE DOCTEUR, *complaisant:*

Petit patapon! (*Il rit. A Elodie, bas:*) Il ne faut jamais contrarier les maniaques!

EUSÈBE

Vous êtes resté longtemps sur le front?...

LE DOCTEUR

Sur le front?

EUSÈBE

Vous aviez des tranchées, là-bas?

LE DOCTEUR

Moi?... Oh!... Euh!... (*bas à Elodie:*) Il est très mal!

ELODIE, *même jeu:*

N'est-ce pas?... Cette conversation décousue...

LE DOCTEUR

Oui, en effet, j'ai beaucoup souffert du ventre!

EusÈBE, *au docteur :*

Mais non, mais non, docteur ? Les tranchées ?... Je parle des boyaux...

LE DOCTEUR, *riant avec effort :*

Nous sommes d'accord.

EusÈBE, *très dégagé :*

Est-ce que les Bulgares avaient des gaz ?

LE DOCTEUR, *très effrayé :*

Les Bulgares !... (*Riant pour donner le change.*) Ah ! là, là, s'ils en avaient !

EUSÈBE

Vous étiez encore là quand on a commencé à parler de paix ?

ELODIE

C'est effrayant !

LE DOCTEUR, *bas à Elodie :*

Oui... une tendance à la scatologie... c'est très grave !

ELODIE, *pleurant :*

Oh ! mon Dieu ! Oh ! mon Dieu !

EUSÈBE, *bas au docteur :*

Vous voyez... Elle pleure sans raison.

LE DOCTEUR, *se levant, à Eusèbe :*

Oui... mon cher... vous avez deviné juste : votre femme est folle ! (*Bas à Elodie :*) Je vais chercher un agent. (*Bas à Eusèbe :*) Je vais chercher un agent. A tout à l'heure... (*Bas, à Elodie :*) Et surtout, dites comme lui... Ne le contrariez pas... (*Il sort.*)

## SCENE X

EUSÈBE, ELODIE, *puis* ARTHUR, LA BONNE

LE DOCTEUR, L'AGENT.

(*Un temps.*)

EUSÈBE, *souriant :*

Bonzou !... Bonzou !... Bonzou !...

ELODIE

Bonzou !... (*A part :*) J'ai très peur !... (*Haut, affolée :*) Bonzou !... Bonzou !...

EUSÈBE, *prenant un air dégagé :*

Très gentil, le docteur Bardoux, hein ? Ça ne fait rien ; il est moins bien en civil.

ELODIE

Il est moins bien en civil.

EUSÈBE

Je l'aime mieux en toubib...

ELODIE

Moi aussi !

EUSÈBE

Tu sais qu'il est allé à Pétrograd ?

ELODIE

Je le sais.

EUSÈBE

Et qu'il a failli être pris par les Bolcheviks...

ELODIE

On me l'a dit.

ARTHUR, *entrant :*

Bonjour, m'sieur Corniquet.

EUSÈBE

Hein?... Qu'est-ce que c'est encore?... Pourquoi vous êtes-vous habillé comme ça?

ELODIE, *bas à Arthur :*

Tais-toi, mon mari est malade.

ARTHUR

Qu'est-ce qu'il a?

EUSÈBE

Hein? Que signifie cette mascarade?... Pourquoi avez-vous remis vos habits de collégien?

ARTHUR

Mais, parce que je suis au collège...

EUSÈBE

Au collège... (*Il se passe la main sur le front.*) Ah! ça... Mais c'est moi qui devient maboul!... Quel âge avez-vous?

ARTHUR

Mais, treize ans et demie. Le malheureux! Le malheureux!

EUSÈBE

Treize ans et demie! Est-ce que par hasard?... Non. C'est impossible! (*Il se précipite sur le calendrier.*) 1914!... Oh! Nous sommes le 3 janvier 1914!... Elodie! Je comprends tout... Je vais t'expliquer... Tu n'es pas folle!

ELODIE

Comment?

EUSÈBE

Non, Elodie (*avec force*) tu n'es pas folle!

ELODIE

Voilà une bonne nouvelle!

EUSÈBE

C'est la fée... la fée Alycanthe... Mon vœu a été exaucé!

ARTHUR

Qu'est-ce qu'il a?

EUSÈBE

Mes enfants, je vais vous faire des prédictions: (*Solennel :*) Nous allons avoir la guerre! Le Kaiser abdiquera... On fusillera Nicolas II... On manquera de chocolat... Paris sera bombardé par la grosse Bertha!...

ELODIE et ARTHUR

Au secours! au secours!

(*Paraissent la bonne, le docteur et l'agent.*)

**EUSÈBE**

Mais nous triompherons... Et grâce à qui ? A Clemenceau ! Vive Clemenceau !

**L'AGENT**

Allons ! Pas de cris séditieux ! (*Il l'arrête.*)

EUSÈBE, *avec force* :

J'en appelle à la postérité !

RIDEAU

IMP. H. VALLAZ
18, Rue de Mazagran, 18
PARIS